C'est l'automne !

À Ombeline et à sa maman Christine,
vive le CP et vive la lecture !
M.

www.editions.flammarion.com

Éditions Flammarion – 87, quai Panhard-et-Levassor, 75647 Paris Cedex 13
ISBN : 978-2-0813-3291-1 – N° d'édition : L.01EJEN001166.C003
Dépôt légal : septembre 2014
Imprimé en France par Pollina S. A. - L73207B – 07-2015
Loi n° 49-956 du 16 juillet 1949 sur les publications destinées à la jeunesse.

C'est l'automne !

Texte de
Magdalena

Illustrations
d'**Emmanuel Ristord**

Castor Poche

Aujourd'hui, c'est l'automne.
« Les feuilles tombent », dit Maîtresse Julie.

« Qui veut aller ramasser des feuilles au parc ? demande Maîtresse Julie.
– Moi, dit Léa.
– Moi, dit Noé.
– Moi, dit Ana.
– Moi, moi, moi ! » crie toute la classe.

« Alors, en route, on y va ! »
dit Maîtresse Julie.
Et les voici partis.

Sur le trottoir, les enfants se donnent la main.
Basil donne la main à Bob.
Samir donne la main à Réda.
Léo donne la main à Téo.
Lou donne la main à Fatou.
Alice donne la main à Mia.
Tim donne la main à Noé.
Léa donne la main à Ana.

17
3
1

Et Selma donne la main à Maîtresse Julie.
La classe marche en silence.

En chemin, Maîtresse Julie montre les arbres.
« Lui, c'est un sapin, dit Maîtresse Julie.
Il n'a pas de feuilles, il a des épines.
– Et les épines, ça pique ! » dit Samir.

« Et voilà, on est arrivés ! »
dit Maîtresse Julie.

PARC DES
PLATANES

Les élèves ramassent des feuilles.
« J'ai une feuille jaune, dit Léa.
– Moi, une feuille marron, dit Ana.
– Et moi, une feuille rouge », dit Noé.

De retour en classe, Maîtresse Julie dit :
« On va faire un herbier avec les feuilles. »

« Maintenant, on pose les feuilles
sur le papier journal,
et on attend que les feuilles sèchent »,
dit Maîtresse Julie.

Maîtresse Julie dessine d'autres feuilles
au tableau.
Il y a la feuille de platane,
la feuille de marronnier
et la feuille de chêne.

Platane
Chêne
Marronnier

« On n'a pas ramassé de glands,
dit tout à coup Selma.
– Pour cela, il faut aller en forêt »,
dit Maîtresse Julie.

« Et si un jour on allait en chercher en forêt ? propose Basil.
– Bonne idée ! Si on ramasse un gland et si on le plante, alors un jour, un chêne pousse », dit Maîtresse Julie.

« Et si on ramasse un marron, on le mange !
dit Réda.
– Non, pas un marron !
Le marron ne se mange pas.
C'est la châtaigne qui se mange,
et elle pousse sur le châtaignier ! » dit Selma.
Et Réda, étonné, fait des yeux ronds
comme des marrons !

Retrouve les histoires de **Je suis en CP**

pour t'accompagner tout au long de l'année !

Niveau 1 : premier trimestre

Niveau 2 : deuxième trimestre

Niveau 3 : troisième trimestre

Déjà parus :

C'est la rentrée !

Niveau 1

Dispute à la récré

Niveau 1

Le nouveau

Niveau 1

Jour de piscine

Niveau 2

La remplaçante

Niveau 2

Le bras cassé

Niveau 2

Les anniversaires

Niveau 2

Les amoureux

Niveau 3

La fête de l'école

Niveau 3

La classe de mer

Niveau 3

À DÉCOUVRIR

Les contes du CP

Retrouve tes contes classiques préférés adaptés au niveau de lecture du CP.